AF498269

PÉTITION

DE

LA BOULANGERIE D'AGEN,

à M. le Ministre

du Commerce & de l'Agriculture.

Agen,

Imprimerie de J.-A. QUILLOT, place Paulin.

1843.

RÉPONSE

DE

LA BOULANGERIE DE LA VILLE D'AGEN,

AUX OBSERVATIONS ADRESSÉES PAR

M. le Ministre du Commerce et de l'Agriculture,

à M. le Préfet du département de Lot-et-Garonne,

ET RENVOYÉES PAR CE MAGISTRAT

à MM. les Membres du Conseil municipal de la ville d'Agen.

MONSIEUR LE MINISTRE,

En lisant attentivement les observations par lesquelles vous avez daigné répondre à la pétition que la Boulangerie d'Agen a eu l'honneur de vous adresser, il y a quelques mois, il est facile de voir que les réclamations de cette industrie vous ont inspiré le plus vif intérêt. Pouvait-il en être différemment lorsque ses souffrances vous sont parfaitement connues ? Ce n'est pas en effet des plaintes isolées que cette profession vous fait entendre à de longs intervalles; non, c'est un cri incessant de détresse parti de toutes les villes du royaume, demandant de concert aux Chambres, au Gouvernement, aux Autorités locales, ce que la Boulangerie d'Agen demande..... Cette unanimité de doléances accuse des symptômes infiniment tristes; cette persévérance qui ne se décourage point, et qui luttera avec la même énergie jusqu'au jour de la justice, met bien en évidence que les maux, dont le tableau est exposé tous les jours sous les yeux de l'administration, ne sont point des fictions, mais des faits trop réels.

Et comment la Boulangerie ne souffrirait-elle point, si elle est soumise à une organisation exceptionnelle qui tend continuellement à rendre le mal nécessaire?

Quelqu'effort que l'on fasse pour insinuer le contraire, il est manifeste que la Boulangerie n'est point dans le droit commun. Pour elle la liberté générale du commerce et de l'industrie n'existe point. N'y a-t-il donc pas un tarif qui lui est imposé, tandis que toutes les autres branches du commerce en sont affranchies? Tout un système d'entraves et de charges qui ne sont que des conséquences du principe générateur de la taxe, ne pèse-t-il point sur elle de tout son poids? — Quoi! la Boulangerie forcée de vendre ses produits à tel prix, serait libre! C'est ce qu'on ne pourra jamais établir. — Les raisonnements les plus subtils viendront toujours se briser devant l'évidence.

Ainsi on essaiera vainement de dire que, sauf la taxe, la Boulangerie doit être considérée comme libre; *que la taxe n'est qu'une exception, et qu'il est de principe qu'une exception doit être entendue et appliquée dans le sens le plus restreint.....* La taxe n'est qu'une exception! Oui, c'est vrai relativement à tout le commerce en général, car on ne la retrouve que dans le régime de la Boulangerie; mais conclure de là que la Boulangerie n'est pas une exception, c'est chercher à prouver le contraire de la vérité la plus radieuse, c'est méconnaître les règles de la logique. C'est bien précisément parce que la taxe est une exception, que la Boulangerie est hors du droit commun.

Encore si la taxe n'affectait qu'une partie insignifiante des opérations de commerce des Pétitionnaires, ou bien si elle ne régissait qu'un nombre très limité des Boulangeries du royaume, on conçoit qu'on pourrait soutenir jusqu'à un certain point que la taxe n'est qu'une exception, même dans l'organisation intérieure de la Boulangerie. — Tel est peut-être, Monsieur le Ministre, le terrain sur lequel repose la base de vos observations; s'il en est ainsi, il sera bien facile de mettre à nu sa fragilité.

La taxe affecte les produits de la Boulangerie d'une manière éminemment principale. Quel est le but final de cette industrie? la vente du pain. Or, le pain est taxé; la conséquence se déduit d'elle-même. — Il est vrai que la Boulangerie débite, sans taxe, le charbon qui provient du bois qu'elle brûle, et quelquefois les sons des blés qu'elle livre à la fabrication. — Mais ces produits ne sont-ils pas simplement accessoires par leur nature même et surtout par leur valeur comparée à celle du pain? Si le pain vaut cent, tout le reste vaut-il huit? vaut-il cinq? c'est à peine. La taxe affecte donc d'une manière principale l'ensemble des opérations de la Boulangerie, puisque le pain, qui est taxé, forme leur élément presque exclusif. — Et puis, il faut bien remarquer que, dans un très grand nombre de villes, la Boulangerie n'achète point des blés, mais des farines. Tout le commerce des minoteries repose en grande partie sur ce mode d'exploitation. Or, en achetant directement des farines pour les panéfier, le Boulanger n'a plus de son à vendre; son commerce se restreint dès-lors à la vente du pain et du charbon : l'élément taxé devient, dans ce cas, proportionnellement encore plus considérable, tandis qu'en sens inverse, l'élément non taxé ou libre , déjà si infime, se réduit des deux tiers. — Somme toute, la première branche de l'objection est sans valeur.

Passons à la seconde. — La taxe atteint la généralité des Boulangeries. L'expérience a prouvé qu'elle est utile pour tous les centres de population d'une certaine importance, et spécialement pour tous les chefs-lieux de département, d'arrondissement et de canton, ainsi que pour beaucoup de communes. — Pour ne s'occuper que du département de Lot-et-Garonne, il suffit de jeter les yeux sur les simples communes de Layrac, Miramont, Aiguillon, etc., etc., où la taxe est établie. Cet aperçu donne la mesure des autres départements, mesure insuffisante, il faut le dire, pour ceux du nord et de l'est dont le territoire est occupé, à chaque pas, par des agglomérations plus considérables de population. Dira-t-on maintenant que la taxe n'est qu'une exception ? Quoi ! tous les chefs-lieux de département, d'arrondissement et de canton, un grand nombre de communes, tout cela ne serait qu'une exception ! et le reste qui ne se compose que de villages et hameaux serait la règle générale ! Mais c'est insoutenable, autant que faux ; — d'autant plus faux que la Boulangerie n'est pas établie indifféremment partout : La Boulangerie n'existe qu'au milieu des agglomérations; dans les campagnes on ne la connaît pas; chaque cultivateur, chaque propriétaire a son four et fait son pain. Dans les bourgs, il en est de même pour la généralité des habitants; ce n'est qu'un petit nombre, le percepteur, le desservant du culte, par exemple, et quelques rares propriétaires, qui se pourvoient chez le Boulanger. La Boulangerie taxée, la Boulangerie dépendante et exceptionnelle est donc tout ou à peu près, la Boulangerie non taxée n'est presque rien. Celle-ci est l'exception, soit par le nombre, soit par la médiocrité de ses opérations ; celle-là au contraire est, à tous les titres, la règle générale. Voilà donc la seconde branche de l'objection détruite par des faits patents, irrécusables et dont chacun peut se rendre raison..... Du reste, si l'on persistait à fermer les yeux à la lumière et à prétendre que la Boulangerie taxée n'est que l'exception, ce qui est impossible, qu'en résulterait-il ? Faudrait-il que la Boulangerie taxée fût régie par les règles générales de la Boulangerie libre ? Non assurément. La Boulangerie libre devrait être laissée sous le niveau des autres professions ; mais la Boulangerie dépendante devrait être traitée selon sa situation exceptionnelle. Sans cette distinction , tout serait confondu , et l'on ne tiendrait compte d'aucune différence....

Maintenant que les pétitionnaires ont rétabli la vérité, en démontrant que leur industrie est essentiellement exceptionnelle sous tous les rapports imaginables, il est temps d'expliquer comment l'organisation même de la Boulangerie taxée a une tendance perpétuelle à rendre ses souffrances nécessaires.

La taxe n'est que l'expression de l'époque où ses bases sont arrêtées; si on la règle aujourd'hui, on doit la croire juste pour le moment. Mais demain , mais bientôt , les bases se déplacent , car tout marche. Chaque fois qu'un changement se révèle, faudrait-il que les bases fussent changées ? La raison le veut, sinon la taxe est un non sens. Qu'arrive-t-il cependant? L'administration municipale chargée de faire reviser la taxe, ne peut consacrer trop de temps à une question dont l'excessive mobilité sollicite des modifications continuelles. D'ailleurs ces modifications tendant presque toujours à une augmentation en rapport avec le plus de valeur qu'obtient progressivement tout ce qui fait l'objet des transactions commerciales, l'administration locale ajourne autant qu'il dépend d'elle. Tantôt ce sont des années marquées par des récoltes mauvaises ou d'autres fléaux; avec la vieille taxe le pain est déjà bien cher, y aurait-il opportunité d'accorder une augmentation? D'autres fois ce sont des troubles politiques; quelle est la puissance humaine capable, dans ces moments, de songer à régler des questions matérielles? Toujours enfin les populations inquiètes s'effarouchent lorsqu'elles entendent les plaintes de la Boulangerie; ne convient-il pas dans ces circonstances de procéder avec la plus grande circonspection? — De là, des lenteurs aussi funestes que de véritables dénis de justice. — Et qu'on ne dise point que ce que la Boulangerie affirme ne peut être vrai. — Les faits sont là; ils parlent plus haut que tous les raisonnements du monde, que toutes les fictions de la loi. — La taxe de la Boulangerie d'Agen est réglementée par un arrêté municipal du 16 août 1806. De 1806 à 1843, près de quarante années! aucun changement de taxe pendant ces quarante années! — En 1806, l'autorité locale a dû prendre en considération le prix des loyers, des combustibles, des salaires, des sels, etc., etc. Et depuis, la valeur de toutes ces choses a doublé, sans que les réclamations incessantes de la Boulangerie n'aient rien obtenu, rien. — Aujourd'hui sans doute justice lui sera bientôt rendue : le calme et la prospérité des temps, les lumières et l'indépendance de l'administration et de ses conseils, tout fait présager que la question est enfin mûre. Mais jusque-là,! que de pertes irréparables ! La situation est devenue vraiment intolérable.

Ce n'est pas tout, la Boulangerie taxée obéit encore à d'autres causes de souffrance. Il semble au premier coup d'œil que la concurrence ne peut l'atteindre. Si tous les Boulangers vendent au même prix, comment, dit-on, concevoir la concurrence? Elle existe pourtant. Comme toutes les autres industries, la Boulangerie cherche constamment à perfectionner ses produits. Le pain, il y a quarante ans, était d'une qualité bien inférieure à celui de nos jours. Un Boulanger qui livrerait à la consommation du pain comme on le fesait autrefois, perdrait bientôt toute sa clientèle. — Il y a donc nécessité de perfectionner, et conséquemment les bénéfices se réduisent, si les améliorations ne sont pas tenues en compte par la taxe, *qu'on se plaît à représenter comme assurant le gain des Boulangers.*

Enfin, le mal se manifeste encore d'une façon bien plus grave : les Boulangeries tarifées n'étant limitées que quant à la taxe et nullement en ce qui concerne le nombre de ses établissements, des Boulangeries nouvelles se forment. Leur apparition a pour résultat de diviser la même somme de bénéfices sur un plus grand nombre de têtes. Ces bénéfices qui, d'après les bases anciennes de la taxe, devaient suffire à l'entretien d'une famille d'industriels, deviennent dès-lors insuffisants. Plus d'harmonie, par ce moyen, entre la taxe qui demeure inflexible et le nombre des établissements qui s'accroît. Qui contestera cependant la nécessité de procurer à une famille, en échange de son travail, les moyens de vivre? Ce serait une immoralité de condamner un homme à pourvoir à son existence autrement que par son travail; un pareil état de choses ne pourrait être que désastreux, même pour la société. — D'un autre côté, le sort des grandes villes fait prévoir aux Pétitionnaires ce qui leur est encore réservé. Déjà la Boulangerie foraine s'établit à côté de tous les centres importants de population; elle les pénètre furtivement et s'empare d'une partie de la consommation. Ce nouveau mal ne peut tarder à être connu à Agen. Ce qui se passe dans cette ville au sujet de la Boucherie foraine, dite de Valence, est bien le précurseur de la Boulangerie extérieure. Or, attendre que le mal ait fait définitivement prise de possession, le laisser s'enraciner dans le sol, ne serait-ce pas une imprudence inqualifiable? — La Boulangerie d'Agen a donc le plus grand intérêt à prendre sa part dans cette grande lutte de toutes les Boulangeries de France; et le public ne peut rester spectateur indifférent de ces débats; car si la Boulangerie taxée n'obtenait pas gain de cause, c'est lui qui serait condamné aux dépens; si le double principe de la limitation et de l'exclusion n'étaient pas adoptés, ce serait une augmentation de taxe qu'on rendrait nécessaire pour rétablir l'équilibre. — Cette considération ne peut qu'agrandir singulièrement la question; mais le moment n'est pas venu d'y insister.

Le mal qui afflige la Boulangerie tarifiée découle donc, nécessairement, de son organisation exceptionnelle. Ce mal est multiple, son intensité est effrayante. Il est indispensable d'y apporter un remède. Mais qui l'appliquera?

Sera-ce l'administration municipale seule? Sa tâche dépasserait peut-être ses forces; elle ne peut faire que ce qui est, dans l'actualité, humainement possible. Qu'elle ait la mission d'harmonier la vieille taxe avec la valeur, devenue démesurément plus grande, des éléments qui entrent directement ou indirectement dans la manutention, soit! — Qu'elle ait de plus la mission de protéger, d'encourager les améliorations de la fabrication, soit encore! — Mais qu'on ne lui impose point, comme par surcroit, l'obligation de pondérer les intérêts des Boulangeries qui ont des droits acquis, avec ceux des Boulangeries nouvelles et foraines; qu'on ne la condamne pas à procéder encore, sur ce chef, par augmentation de taxe. Ici surgit une question d'intérêt public, une question qui se relie intimement au régime exceptionnel de la profession, une question, enfin, qu'il faut trancher selon l'essence de ce régime, ou par son abolition, si le bien-être des masses n'est pas un vain mot. — Cette question revient de droit à l'autorité supérieure.

Voilà pourquoi la Boulangerie réglementée s'agite sur toute la surface du territoire, allant, des dépositaires de l'autorité locale, aux ministres de la couronne, disant aux premiers : *Mettez la taxe en rapport avec le renchérissement de toutes choses, et l'avilissement des signes monétaires;* disant aux seconds : *Facilitez l'œuvre des municipalités;* DÉBARRASSEZ-LES DE LA QUESTION DES BOULANGERIES NOUVELLES ET FORAINES ; CHARGEZ-VOUS-EN, EN EXCLUANT CELLES-CI ET LIMITANT CELLES-LA..... Voilà comment la Boulangerie agit, simplifie la difficulté en la divisant, la résout en invoquant le droit exceptionnel qui la régit, et rend ainsi possibles les remèdes que ses souffrances attendent....

Et que fait l'administration supérieure ?

Nie-t-elle la réalité du mal? — Non, elle serait impuissante à le faire.

Des moyens efficaces vont donc être adoptés, des moyens tels que la nécessité et la raison les réclament!

Au lieu de procéder ainsi, il semble qu'on ne raisonne que pour changer le sens et la valeur des mots. On parle de droit commun à des hommes liés par des lois d'exception. On a l'air de leur dire qu'ils doivent se croire libres, parce que toutes les autres professions sont libres; c'est-à-dire qu'on établit *à priori* ce qui est à prouver, et, par ce moyen, on se dispense de constater et reconnaître que l'industrie des Pétitionnaires est dépendante par excellence. Puis, à l'abri de cette belle fiction, qui est tout juste l'opposé de la vérité, on apprend aux Pétitionnaires que le droit commun permet à tout commerçant ou industriel pourvu d'une patente, d'exercer sa profession, à son gré, dans tout le royaume; que si la Boulangerie tenait compte du droit commun, elle verrait que le pouvoir exécutif ne peut rien faire de ce qui lui est demandé, que les chambres ne peuvent non plus adopter les réformes proposées. — Toujours le droit commun! Toujours la même objection sous des formes différentes! Toujours une arme déjà brisée! — On finit, au bout du compte, par déplacer la question.

Il convient de la rétablir.

Il ne s'agit, actuellement, que des *souffrances matérielles* de la Boulangerie, de ses pertes. — Il ne s'agit que des moyens d'y mettre un terme, que de réformes pouvant amener des *améliorations matérielles*.

Il ne s'agit point de réformes qui ne consisteraient qu'à produire des résultats à peu près intellectuels.

C'est ce qu'il ne faut pas oublier.

Ainsi, la Boulangerie n'a pas encore demandé que l'on rayât de ses réglements l'article qui inflige à ses membres, dans un cas donné, la prison indéfinie; — l'article qui permet de prononcer contre eux l'interdiction momentanée ou absolue; — l'article qui oblige chaque nouveau Boulanger à justifier de sa moralité et d'un apprentissage donné, etc., etc.

Elle n'a point demandé tout cela pour plusieurs motifs :

Le premier, c'est que toutes ces dispositions inconstitutionnelles ne sont plus appliquées depuis long-temps. Véritables lettres mortes, elles sont tombées en désuétude. Créées par simple ordonnance, elles ne pouvaient avoir la moindre valeur. Les pénalités et les obligations exorbitantes qu'elles contiennent ne pouvaient émaner que du pouvoir législatif. Le ministre qui contre-signait l'ordonnance royale du 26 février 1817, ne faisait, il est vrai, que copier, pour la Boulangerie d'Agen, ce que des décrets de l'empire avaient ordonné pour d'autres Boulangeries. Mais il ne prenait pas garde à la différence des temps, et oubliait que les décrets avaient ou obtenaient force de loi, sauf protestation, tandis que le champ des ordonnances est moins vaste.

Le second, c'est que, alors-même que la Boulangerie aurait eu un intérêt d'amour-propre à obtenir que ses réglements fussent mis en concordance avec les vrais principes de droit public, elle aurait craint de demander trop en demandant tout à la fois.

Le troisième, c'est qu'il fallait courir à ce qu'il y avait de plus pressant. Quand l'incendie déploie ses flammes dévorantes, est-ce le temps de raisonner sur ce qui n'est plus que des utopies? Les Pétitionnaires pensaient qu'il était souverainement urgent d'aviser d'abord aux exigences matérielles, parce que, avant tout, il faut pourvoir à son existence.

Eh bien! ce que la Boulangerie ne demandait point, l'administration supérieure le propose spontanément, en écartant tout le reste. — La question a donc été déplacée.

Ce n'est pas que les Pétitionnaires ne voient avec joie que le moment est venu où vont tomber tous ces textes invalides et surannés dans lesquels on avait essayé de les enserrer gratuitement et sans profit aucun pour l'intérêt public. — Non. — Leur gratitude sera acquise à l'administration, qui a pris cette libérale initiative. Mais en obtenant ainsi ce qu'ils réservaient pour des réclamations ultérieures, ils persisteront toujours à ramener l'attention du gouvernement sur le mal qui les ronge, sur leurs *souffrances matérielles*, sur les pertes qui s'amoncèlent et qui ne décroîtraient point *d'un centime* avec un réglement nouveau qui se bornerait à supprimer la prison, ou l'interdiction, ou l'obligation de fournir des certificats de moralité et de capacité.

Toute méprise est donc désormais impossible. Peut-être que, dès le principe, la Boulangerie d'Agen ne s'était pas expliquée assez clairement.

On est un peu moins loin de la question quand on aborde le point des approvisionnements de réserve. Mais qu'on ne se fasse pas illusion; les *réformes* qu'on fait entrevoir à ce sujet, pour les villes de troisième ou quatrième ordre, seraient complétement stériles *au point de vue de l'intérêt matériel*. Vous le pressentez vous-même, Monsieur le Ministre, lorsque vous dites, avec raison, que *si l'approvisionnement peut avoir quelque chose de gênant, il ne constitue néanmoins qu'une obligation de faire ce que prescrit à la Boulangerie une bonne gestion de son industrie*. A Agen, où la moyenne de la fabrication de chaque établissement est représentée, à peu près, par un chiffre annuel de onze cents hectolitres de blé, chaque Boulanger n'est pourtant tenu, par l'arrêté municipal du

26 février 1817, d'avoir une réserve, moyenne aussi, que de trois mille kilogrammes de farine. — Or, ce poids de farine est le rendement de vingt-sept hectolitres de blé seulement, et assure uniquement neuf jours de consommation pour chaque Boulangerie! Ce calcul démontre que l'approvisionnement doit être, en fait, plus considérable que ne l'ordonne le réglement, sinon la disette serait constamment imminente, d'autant plus que la Boulangerie d'Agen opère ses achats plutôt sur les marchés voisins que sur celui de cette ville, et qu'il suffirait d'une simple perturbation atmosphérique de huit ou dix jours pour empêcher tout renouvellement. En écrivant dans le réglement les mots : *Suppression d'approvisionnement,* vous n'accorderiez donc, en réalité, absolument rien à la Boulangerie, Monsieur le Ministre.

La Boulangerie d'Agen, remarquez-le bien, ne s'est occupée des approvisionnements qu'en passant, et pour établir, par un trait de plus, qu'elle est légalement dépendante. Si l'on voulait que le régime exceptionnel qui lui est imposé cessât effectivement d'exister, il ne faudrait pas se borner à faire tomber telle ou telle disposition exorbitante du droit commun pour conserver telle autre; *surtout, il serait dérisoire de n'accorder que des choses sans valeur en maintenant tout ce qu'il y a d'incisif :* LE TARIF. — Le tarif maintenu, on n'aura fait que de vaines modifications à un principe de dépendance qui subsistera toujours dans son essence et avec toute son énergie. Le tarif! mais c'est tout un régime d'exception! N'est-il donc pas prouvé que le tarif est une institution diamétralement contraire à la liberté du commerce et de l'industrie? Aussi, dans sa première demande, la Boulangerie d'Agen ne manquait pas, lorsqu'elle énumérait toutes les exceptions qui l'affaissent, de suivre une progression ascendante au sommet de laquelle elle plaçait le tarif! Avec le tarif, l'administration supérieure sera donc toujours impuissante à prétendre que la Boulangerie, redevenue libre, n'a plus de droit à un système de protection. Qu'elle opte donc! ou suppression sans restriction aucune de toutes les exceptions, y compris, en première ligne, le tarif; — ou bien droit exceptionnel avec protection. — Là seulement, entre ces deux termes, se trouve le remède. — Là est la question. — inutile de la chercher ailleurs.

Si l'on supprime la taxe, la Boulangerie, on le conçoit, rentre, *de plano*, dans le droit commun et cesse d'être en tutelle; elle ne peut plus dire : *Je suis faible et mineure; vous êtes mon tuteur, protégez-moi.* C'est à elle de pourvoir à tous ses besoins, de lutter avec toutes les concurrences, de marcher l'égale des autres professions, à ses risques, périls et fortunes. Alors, on le conçoit aussi, disparaissent naturellement tous les corollaires accessoires ou obligés de la taxe. Ainsi, le syndicat de la Boulangerie peut être rayé comme devenant inutile autant qu'il était utile. Sous le régime du tarif, en effet, dont l'application doit être continuellement faite par l'administration locale, en présence de la Boulangerie, et pour ainsi dire contradictoirement avec elle, comprendrait-on que le Maire fût tenu de convoquer à cette opération tous les Boulangers individuellement? Comprendrait-on que chacun d'eux pût faire des réclamations isolées? Mais ce serait tout bonnement se lancer dans le cahos, lorsqu'il est si facile de fonctionner avec la plus rapide simplicité, en concentrant l'action de l'ensemble de la profession sur un syndicat. L'existence exceptionnelle de ce syndicat est donc pleinement justifiée, dans le sens que les Pétitionnaires expliquent, par l'exception même de la taxe.

Mais la suppression du tarif est-elle possible? Vos observations, Monsieur le Ministre, proclament implicitement le contraire. Vous abordez tous les points sur lesquels des modifications vous paraissent réalisables, et quand vous arrivez à la question de la taxe, au sujet de laquelle vous ne manquez pas de faire remarquer qu'elle n'a été étudiée que *provisoirement* par la loi des 19-22 juillet 1791, vous ne dites point qu'il est temps de mettre un terme à ce *provisoire d'un demi-siècle.* Loin de là, vous tendez à l'organiser d'une manière définitive, sans prononcer pourtant le mot. En expliquant que le pain de luxe peut seul être affranchi du tarif, vous confirmez la règle par une exception qui a bien ses dangers. C'est que le tarif vous paraît indispensable; c'est que vous croiriez téméraire de l'effacer de la loi! Pourquoi ne pas reconnaître hautement cette nécessité? Il n'y aurait plus de doute, alors, sur l'existence d'un système définitivement exceptionnel; la protection serait justifiée. Serait-ce qu'on voudrait endormir des plaintes trop légitimes en laissant espérer une réforme impossible? Non, telle ne peut être la pensée secrète de l'administration, parce qu'elle ne serait pas digne. — Et alors que dans un avenir très éloigné on entreverrait comme une ombre de possibilité d'un changement si considérable, ce ne serait pas un motif pour rester immuable, dans le *statu quo*. Jusqu'à ce changement, le régime continuerait d'être exceptionnel provisoirement, et solliciterait une protection provisoire. Mais comment rêver l'affranchissement du tarif, du tarif du pain, cette matière, cet aliment de première nécessité? Le pain non tarifié, en présence des besoins impérieux de la faim, à côté de toutes les misères, au milieu des calamités et des troubles! Le pain, considéré comme une marchandise ordinaire dont le consommateur devrait discuter le prix, toujours froidement, sans passion, sans péril pour l'ordre public, pour la conservation des institutions et de la propriété! Oh! vous avez raison, Monsieur le Ministre, le tarif est nécessaire! Sans tarif, pendant les périodes de prospérité, les boulangers accumuleraient sans doute de grands bénéfices; ils ne veulent pas de ces avantages funestes. Les jours mauvais viendraient bientôt les livrer à la colère de la multitude déchaînée. Leur domicile, leur avoir, leurs personnes auraient tout à craindre. A eux le sort de ceux qui étaient l'objet des haines des vieilles sociétés, le sort des traitants de l'ancien régime, ou des juifs du moyen-âge.

Ainsi, la taxe doit être conservée définitivement. Avec elle, ordre et sécurité partout, même dans les régions les plus élevées. Pour obtenir ces précieux avantages, on ne doit pas craindre de voir et de dire qu'on est sorti du cercle du droit commun, pour se fixer dans un régime d'exception. Il ne reste plus, au contraire, qu'à accepter franchement les conséquences de ce régime. — C'est ici que se présente le second moyen que l'administration supérieure tient à sa disposition : celui d'une protection sagement départie.

Cette protection est justifiée par la nature même des choses, cela ressort et de tout ce qui précède, et de la première pétition, comme aussi des demandes de toutes les autres Boulangeries de France. Pour ne pas tomber dans des redites inutiles, les Boulangers de la ville d'Agen se borneront à terminer leur réponse par quelques considérations.

Tout tarif limite les bénéfices à une somme invariable dont le chiffre peut être écrit à l'avance; ils ne peuvent augmenter ou décroître que si les ventes deviennent plus ou moins considérables.

Pour la Boulangerie, toute augmentation de bénéfice est impossible. Et pourquoi? C'est que la consommation du pain s'arrête dès que la faim est apaisée; c'est que ce besoin est toujours le même; l'abondance ou la cherté des grains n'y fait rien.

D'un autre côté, les bénéfices de la Boulangerie diminuent indéfiniment. L'administration municipale, en réglant le tarif, n'a dû accorder à cette profession que ce qui lui était rigoureusement dû, et supputer ce qu'il faut de toute nécessité pour l'entretien et la dépense d'une famille d'industriels, avec une sévérité d'autant plus grande, qu'il s'agissait du denier du pauvre. Cependant, que survient-il? La Boulangerie, traitée avec tant de parcimonie, n'a plus ce qu'on lui a accordé, si des établissements nouveaux se forment, ou si la Boulangerie foraine apparaît. Avec un pareil état de choses, les pertes remplacent bientôt un juste salaire.

Et l'on ne prononcerait pas la limitation des Boulangeries sédentaires et l'exclusion des Boulangeries foraines! Mais, qu'on élève donc la taxe à mesure que des établissements nouveaux viendront absorber une partie de ce qui ne suffisait que rigoureusement aux anciens, à mesure que la Boulangerie foraine envahira le marché.

Il n'y a pas d'autre moyen.

C'est impossible, dites-vous? Eh! cette impossibilité d'augmentation de tarif est la condamnation des Boulangeries nouvelles et foraines, la consécration du principe de la limitation et de l'exclusion!

Toutes les conclusions de la pétition de la Boulangerie d'Agen, sont donc irréprochables, irréprochables, sous quelque rapport qu'on les envisage.

N'est-ce pas un bien d'empêcher l'érection de nouveaux établissements? Ils tombent ou languissent en augmentant le mal-aise général qui les pénètre. — Depuis 1820, plus de quarante Boulangeries sont ainsi tombées, une à une, à Agen. — Et pourtant l'inexpérience persiste toujours à s'engager dans une carrière semée de ruines.

N'est-ce pas un bien d'exclure la Boulangerie foraine qui ne paie qu'une patente du dernier degré et diminue la recette de l'octroi? La Boulangerie foraine, qui n'apparaîtra que dans les temps prospères, et s'effacera alors qu'il n'y aura que pertes à subir! la Boulangerie foraine qui fuira toujours le péril, et n'engagera jamais le combat qu'avec des armes inégales.

N'est-ce pas un bien, surtout au point de vue de l'intérêt général?

L'intérêt général! mais c'est le dernier mot de toute grande discussion; c'est ce qui donne une force invincible à toutes choses!

Toutes les fois que l'intérêt général l'exige, le droit commun doit être modifié.

Ce principe salutaire a été souvent appliqué. C'est au nom de l'intérêt général, pour éviter les surprises et les fraudes des ventes à l'encan que la loi du 25 juin, 1er juillet 1841, a été rendue. L'intérêt général a fait mettre les imprimeries hors du droit commun, pour des motifs dont la puissance est manifeste. La nécessité de rétablir les finances de l'état ruinées par les malheurs de l'invasion étrangère, a paru au législateur de 1816, une exigence de l'intérêt général, et c'est ainsi que s'est faite la résurrection de la vénalité des offices. — Ainsi des charges des agents de change, commissaires-priseurs et courtiers; ainsi des spectacles publics; ainsi d'une loi qui a les plus grandes affinités avec le commerce de la Boulangerie, celle qui permet ou défend l'importation ou l'exportation des grains, selon les circonstances, etc., etc.

Toutes ces exceptions aux lois générales peuvent être invoquées à bon droit par la Boulangerie, *non point parce que cette industrie a quelque chose de semblable aux professions qui viennent d'être énumérées, mais parce que l'intérêt général réclame pour celle-là la création d'un régime d'exception dont on a gratifié celle-ci.* La création! mais non; c'est moins que cela : le régime exceptionnel existe déjà par la taxe; il ne s'agit que d'en déduire une juste conséquence par la limitation.

N'était-ce pas en invoquant l'intérêt général que le gouvernement croyait naguères devoir demander, au lieu d'une simple limitation, la suppression radicale de toute une industrie : des fabriques de sucre indigène? N'allait-il pas jusqu'à proposer une indemnité de quarante millions? Le projet de loi a été rejeté, il est vrai; mais avec quelle hésitation! Par quelle majorité! et il y a cela de remarquable que ses adversaires, eux aussi, se réfugiaient derrière l'intérêt général qu'ils interprétaient d'une autre façon. — Du reste, qui oserait soutenir que la question des sucres est jugée en dernier ressort? Toujours est-il que si les chambres n'avaient eu à prononcer que la limitation des fabriques indigènes, si surtout au lieu d'avoir à voter un impôt de quarante millions, elles avaient eu la conviction que le trésor public allait profiter d'autant, la proposition du gouvernement aurait été infailliblement adoptée de par l'intérêt général. La discussion est là, qui le prouve.

On ne dit rien donc de trop en répétant que toutes les fois que l'intérêt général l'exige, le droit commun doit être modifié. — Telle est la doctrine éternellement enseignée par les légistes, les publicistes, les économistes de tous les temps; elle est doublement confirmée par la pratique et la raison.

Or, l'intérêt général se confond intimement avec celui de la Boulangerie réglementée. Si la limitation des Boulangeries sédentaires et l'exclusion de la Boulangerie foraine ne passent pas dans une loi nouvelle, il faudra de toute force avoir égard, pour le réglement de la taxe, à l'extension de la concurrence, en accordant une augmentation spéciale de tarif, dont l'importance est infinie. — Il est facile d'en avoir la mesure : En supposant que la Boulangerie d'Agen ne comptât plus que trente établissements au lieu de quarante, forcée qu'elle est de demander une révision de l'arrêt municipal de 1806, à cause des divers changements survenus depuis cette époque, elle pourrait réduire sa demande d'augmentation d'*un demi-centime* par kilogramme de pain. Un demi-centime, dira-t-on, mais ce n'est rien! C'est immense. La consommation de la ville d'Agen ou de quinze mille ames, n'est de rien moins que de quarante-cinq mille hectolitres de blé, ce qui représente trois millions cent soixante-quinze mille kilogrammes de pain. *Or, ce nombre de kilogrammes, à un demi-centime l'un,* donne un chiffre total de SEIZE MILLE HUIT CENT SOIXANTE-QUINZE FRANCS! Voilà donc une économie annuelle de SEIZE MILLE HUIT CENT SOIXANTE-QUINZE FRANCS, pour Agen seulement! Maintenant si l'on considère que la population des chefs-lieux de département, arrondissement, canton et commune, soumis au tarif, est de plus de six millions d'habitants, on aura, pour tout le royaume, *avec la base d'un demi centime,* une économie totale et annuelle de SIX MILLIONS SEPT CENT CINQUANTE MILLE FRANCS!

Ces deux économies annuelles, l'une spéciale à Agen, l'autre générale, sont représentées, la première par un capital qui s'élève à TROIS

CENT TRENTE-SEPT MILLE SEPT CENTS FRANCS, et la seconde par un capital de CENT TRENTE-CINQ MILLIONS!

Ces chiffres ne sont-ils pas décisifs? Tous ceux qui travaillent à agrandir la fortune publique, ne deviennent-ils pas les défenseurs de la Boulangerie? Et les chambres, *si la question leur est bien posée,* pourront elles s'empêcher d'adopter un projet de loi dont les résultats si conservateurs pour toute une profession, doivent, avant tout, être si féconds pour l'intérêt général!

Vous aidant, Monsieur le Ministre, la bonne cause triomphera.

Veuillez recevoir l'hommage du respect le plus profond avec lequel les Pétitionnaires ont l'honneur d'être,

MONSIEUR le MINISTRE,

Vos très humbles et très obéissants serviteurs,

BERTHOUMIEU, *Syndic.*

ESPARBÈS,
LAFARGUE,
LASSERRE,
MOUCHET, *Adjoints.*

Imp. de QUILLOT, à Agen.